RÉPONSE

A QUELQUES-UNES DES OBJECTIONS

FAITES CONTRE LA LOI

SUR LE

REMBOURSEMENT

DES RENTES.

A PARIS, IMPRIMERIE ET FONDERIE DE J. PINARD,

rue d'Anjou-Dauphine, n° 8.

RÉPONSE

A QUELQUES-UNES DES OBJECTIONS

FAITES CONTRE LA LOI

SUR LE

REMBOURSEMENT

DES RENTES;

PAR G**** DE TOURS.

A PARIS,

CHEZ AMYOT, LIBRAIRE,

·RUE DE LA PAIX.

AVRIL 1825.

AVERTISSEMENT.

Parmi les nombreux écrits qui ont paru depuis un an sur la loi du remboursement de la rente, beaucoup se sont élevés contre elle, et ont blâmé une mesure qui froisse quelques intérêts particuliers. Plusieurs personnes l'ont attaquée par conviction, d'autres par esprit de parti et comme étant l'œuvre d'un ministère auquel ils n'accordent aucune confiance ; et enfin un grand nombre, à cause du tort personnel qu'ils en éprouvent. Je n'ai pas la prétention, dans cette faible brochure, de répondre à tout ce qui a été dit à ce sujet ; je sens trop bien l'insuffisance de mes moyens ; dans cette circonstance, je cède seulement au désir d'émettre quelques réflexions que je puise dans ma propre conviction ; je les soumets à la critique des uns et des autres ; je souhaite que l'on n'y voie pas une blâmable complaisance pour l'opinion du ministère : ma position comme mon caractère m'en rendent tout à fait indépendant ; je n'ai pour guide que ma conscience et le désir d'indiquer ce qui me paraît devoir être le plus avantageux à mon pays. C'est vers ce but que chacun de nous doit tendre, et c'est de bonne foi que je cherche à y arriver.

RÉPONSE

A QUELQUES-UNES DES OBJECTIONS

FAITES CONTRE LA LOI

SUR LE

REMBOURSEMENT

DES RENTES.

La loi sur les rentes adoptée déjà à la Chambre des Députés, et qui va être soumise à la Chambre des Pairs, donne journellement lieu à des discussions, dans lesquelles, malheureusement, l'intérêt personnel sert presque seul de guide ; de là résulte la difficulté de se mettre d'accord. Si chacun pouvait juger cette question sans partialité, elle se trouverait bien simplifiée. Pour la comprendre et apprécier son utilité, je crois qu'il faudrait, avant tout, examiner si notre état actuel, si la position de nos effets publics et celle de notre caisse d'amortissement permettent que *nos lois de finance* soient, *pour l'avenir,* les mêmes que *par le passé.* — Tant que notre rente a été au dessous du pair (de 100), la caisse d'amortissement a rempli, par son action, le but de son institution; elle a favorisé notre crédit sans augmenter le capital de notre dette. Mais pourrions-nous en dire autant si cette même caisse d'amortissement continuait à acheter des effets qui, aujourd'hui, ont dépassé le pair, et qui, dans ce cas, n'auraient plus de limites que celles que les circonstances plus ou moins heureuses leur imposeraient? Certes, il n'est personne qui ne réponde négativement à cette question, car alors il n'y aurait plus de bases pour fixer le capital d'une dette qui *augmenterait en raison de notre prospérité;* ainsi, 200,000,000 de rentes à 5 p. 100 que nous avons toujours évalués à un capital de 4 milliards, pourraient s'élever à 4 et demi, 5 et même 6 milliards; une semblable situation serait absurde, et l'on s'empresserait de la faire cesser.

Il est donc obligatoire que la caisse d'amortissement cesse d'agir sur un effet qui se trouve avoir atteint son pair; mais alors, en adoptant ce principe, que deviendra notre dette? La prudence et l'expérience exigent que nous profitions de l'état de paix dont nous jouissons, pour diminuer nos charges et pour retrouver plus tard des ressources que des circonstances pourront rendre urgentes. Or, pour arriver à ce but, nous n'avons que deux moyens, ou l'*amortissement* ou le *remboursement*.

Nous venons de reconnaître que le premier de ces deux modes n'est plus praticable dans la position où se trouve le cours de notre rente; il ne reste donc aujourd'hui que le *remboursement* (soit par la réduction de l'intérêt, soit par le remboursement réel du capital), auquel tout fait un devoir de recourir. — Cette base posée, il ne s'agit plus que de déterminer le mode d'exécution qui conciliera le moins mal possible les divers intérêts qui, dans cette circonstance, se trouveront opposés les uns aux autres.

La loi de l'année dernière offrait aux rentiers le remboursement en argent, *mesure qui était aussi légale que juste ;* mais malheureusement on n'a pas su apprécier ses avantages ; on n'a vu que les intérêts qu'elle blessait, et on l'a rejetée.

La loi actuelle présente un autre mode d'exécution, mais elle reconnaît toujours le même principe de remboursement ; aussi l'attaque-t-on en partie par les mêmes objections.

On nie la réduction d'intérêts qui existe en France, et on croit que la hausse de nos effets publics, qui s'est soutenue depuis un an, n'est que fictive.

A la rigueur, il n'est pas indispensable de savoir si l'intérêt est au dessous de 5 p. 100 pour approuver la mesure dont le gouvernement s'occupe aujourd'hui ; car on doit y être entraîné, comme nous l'avons déjà dit, par le seul examen de la position actuelle de la caisse d'amortissement par rapport au cours de la rente.

Si cependant on veut aborder cette question, il sera facile de reconnaître que le taux de l'argent est effectivement au dessous de 5 p. 100, et que même il baissera encore *si la marche de notre gouvernement et les circonstances indépendantes de sa volonté provoquent pendant plusieurs années cette confiance sur laquelle se fonde le crédit, encore plus que sur l'abondance des capitaux.*

Commençons par examiner les causes qui ont fait diminuer l'intérêt de l'argent.

En général, la naissance du crédit amène naturellement l'augmentation des capitaux ; il en résulte une création d'établissemens publics, de manufactures, de canaux, etc., qui concourent évidemment à la prospérité générale. La multiplicité des produits donne ensuite lieu à une concurrence qui oblige l'industrie à se perfectionner et à réduire ses bénéfices, résultat qui tourne à l'avantage de la masse de la nation, puisqu'il procure meilleure qualité et à plus bas prix. C'est effectivement ce que nous avons éprouvé en France depuis plusieurs années; à l'époque où la classe industrieuse était en petit nombre, elle plaçait ses produits avec de grands avantages; alors il lui était facile de payer 7 et 8 p. 100 des fonds qu'elle empruntait, puisqu'à son tour elle en retirait 12, 15 et 18 p. 100; mais nos établissemens en tous genres se sont multipliés; successivement le négociant s'est trouvé obligé de réduire ses bénéfices, et, par contre-coup, il ne lui a plus été possible de payer 8, 7, 6 et même 5 p. 100. L'accroissement progressif de notre industrie et de nos richesses a donc fait baisser l'intérêt de l'argent, et il est effectivement naturel que l'augmentation des capitaux en ait diminué la valeur. Si, d'une part, ils produisent moins, en revanche, ils sont plus considérables, et l'on peut dire qu'en masse les

Français sont plus riches aujourd'hui qu'ils ne l'étaient il y a trente ans. Celui qui n'a pas su augmenter sa fortune particulière dans la proportion de celle générale, est le seul qui ait à se plaindre de ce changement de position.

Voyons actuellement jusqu'à quel taux est descendue cette réduction d'intérêts.

On dit *que l'on peut encore avoir en France des placemens à 5, 6, et même 7 p. 100.* C'est vrai ; mais ces prix sont en raison des risques et des inconvéniens que chacun de ces placemens offre. Ceux sur hypothèques, par exemple, malgré leur sûreté et l'intérêt de 5 qu'ils donnent, ne conviennent pas à tout le monde. Celui qui peut avoir besoin de ses capitaux à une époque rapprochée, ou même à une époque éloignée, mais fixe, soit pour l'établissement de ses enfans, soit pour toute autre cause, n'aime pas à être exposé, lors du remboursement, à éprouver des retards auxquels ce genre de placement donne malheureusement lieu trop souvent. Tout le monde sait combien il exige de formalités à remplir, et les risques que l'on y court pour la plus petite négligence. C'est tellement vrai, que les placemens sur hypothèques n'attirent qu'une très faible partie de nos capitaux, tandis que nos effets publics, les bons du Trésor, les banques de Paris et de province, les caisses de receveurs-généraux, celles des banques particulières et des premières maisons de commerce en absorbent une bien plus grande masse, malgré que ce soit au faible intérêt de 3 et 4 p. 100. Les emprunts sur hypothèques ne donnent 5 et 6 p. 100 que parce que peu de capitaux s'y jettent ; ils seraient insuffisans, et, par conséquent, produiraient beaucoup moins si les capitalistes les recherchaient. — C'est dans les grandes villes et sur les premières places de commerce que l'on doit juger le prix de l'argent, de même que le cours des marchandises et des denrées ne s'établit que dans les grands marchés. Or, vous trouverez non seulement à à Paris, mais encore à Rouen, à Bordeaux, à Lyon, à Marseille, à Nantes et autres villes, que les diverses banques et maisons de commerce qui y existent, et qui escomptent à 4 p. 100, n'ont presque jamais l'emploi de tous leurs capitaux. Les valeurs qu'elles refusent, ou qui ne leur sont pas présentées, faute d'offrir les garanties exigées, trouvent néanmoins, sur ces mêmes places, des preneurs ; mais ces derniers évaluent les chances de pertes et mettent leur

escompte à 5, 6 ou 7 p. 100. C'est tout naturel;
c'est une espèce de spéculation dans laquelle
les bénéfices doivent être en raison des risques;
mais ce ne sont plus là des transactions qui doivent nous servir de bases. Il faut, pour juger
la question, envisager le grand capitaliste *sans
industrie*, qui veut placer ses fonds avec toute
la sécurité qu'il lui est possible d'obtenir; eh
bien, dans ce cas, il aura beaucoup de peine à
retirer, prix moyen, plus de 4 p. 100.

Cette réduction d'intérêts qui me semble
bien réelle et qui contribue à maintenir le cours
de nos effets publics, se trouve donc tout à fait
en harmonie avec le nouveau système de finance
que le gouvernement propose aujourd'hui. En
admettant que ce ne soit pas ce système qui ait
donné naissance à cette loi d'indemnité si désastreuse pour la France, et en le *considérant
isolément*, nous ne devons pas en craindre de
mauvais résultats. Loin d'éloigner de nous,
comme on le suppose, les capitaux étrangers, il
nous les attirera; les grandes fortunes ne s'é-
tonnent jamais d'une réduction d'intérêts, pour-
vu qu'il y ait espérance d'augmentation du capital; ainsi nos 3 p. 100 à 75 seront certaine-
ment recherchés avec au moins autant d'em-

pressement que nos 5 p. 100 au pair. *C'est pos-sible*, dit-on ; *mais il en résultera une aug-mentation de capital tout à fait désastreuse pour l'état.* Je suis loin de croire cette objection fondée , et il est facile d'y répondre par des cal-culs qui seront sans réplique.

Pour plus de clarté, supposons la conversion générale et prenons pour base 140 millions de rentes, 5 p. 100; ils feront, au pair, un capital de 2,800,000,000; réduits d'un cinquième, ils donneront 112 millions de rentes en 3 p. 100, lesquels, au cours de 75, formeront le même capital de 2 milliards 800 millions. En supposant ces derniers au cours de 85, pour prix moyen de rachat (ce qui n'est pas exagéré), ce sera alors un capital de 3,173,000,000 , et par conséquent une augmentation pour notre dette de...................... 373,000,000
Il faut ajouter à ce capital celui
de 436,000,000 pour la perte
qu'éprouvera la caisse d'amortissement en ne plaçant ses capitaux qu'à l'intérêt de 3 et demi
p. 100 (taux du cours de 85)
au lieu de 5 p. 100 qu'elle aurait retiré par le rachat des 5

Report.................... 373,000,000

p. 100 au pair *pendant vingt
ans*, terme qui lui sera suffisant pour les deux systèmes,
ci..................... 436,000,000

Ce sera, en perte, un total de 809,000,000
Mais, d'un autre côté, la réduction d'un cinquième sur la rente, soit la différence de 140
à 112 millions, nous donnera par an 28 millions de moins à payer; ce qui, pendant vingt
ans, fera un capital de......... 560,000,000
Nous devons y ajouter, pour
l'intérêt composé de ces 28
millions pendant vingt ans à
raison de 3 et demi p. 100,
représentatif du cours de 85... 260,000,000

Nous aurons alors un total de 820,000,000
qui balancera facilement le dé-
ficit de..................... 809,000,000
énoncé ci-dessus.

En d'autres termes, nous pouvons dire que
la dette sera éteinte en vingt années par la
caisse d'amortissement, soit qu'on dote cette
dernière de 80 millions pour racheter 140
millions de 5 p. 100 au pair, ou qu'on la dote

de 108 millions pour racheter 112 millions de 3 p. 100 au cours moyen de 85.

Je considère la caisse d'amortissement comme dotée de 108 millions dans le cas de la conversion générale des 5 p. 100 en 3, attendu que, d'une part, elle aurait les 80 millions qui existent aujourd'hui, et que, de plus, il faudrait naturellement y joindre les 28 millions de réduction ; car, soit que le gouvernement verse ces 28 millions dans la caisse d'amortissement, soit qu'il les retranche du budjet, ce sera toujours la nation qui en profitera, et quant à leur intérêt composé, il existera réellement, soit qu'on les fasse fructifier par la caisse d'amortissement, soit qu'ils produisent entre les mains des contribuables qui les conserveront si on en décharge le budjet.

C'est donc à tort que quelques personnes supposent un fonds d'amortissement égal pour les deux systèmes ; il doit être calculé à 80 millions pour les 5 p. 100, et à 108 millions pour les 3 p. 100. Il en résulte alors que 112 millions de rentes 3 p. 100 seront éteints *en vingt ans* et non pas en vingt-cinq ans, comme l'établit M. le comte de Mosbourg. Son erreur est de ne pas comprendre dans son amortissement les 28 millions de réduction, lesquels, ainsi que nous l'avons démontré ci-dessus, produiront un intérêt composé, soit par la caisse d'amortissement, soit entre les mains des contribuables.

Le calcul qu'il présente dans sa brochure de mars 1815 sur le rachat des 3 p. 100 au cours moyen de 85, comparé au rachat des 5 p. 100 au pair, doit donc être rectifié comme suit :

« Avec une dotation de 80 millions, la caisse
» d'amortissement rachète en vingt ans et demi
» moins six jours 140 millions de rente 5 p. 100,
» et les paiemens à faire par l'état dans le cours
» de cet espace de temps sont ainsi qu'il suit :
» 1° 140 millions d'annuités payables pendant
» vingt ans cinq mois et vingt-quatre jours, soit
» aux rentiers, soit à la caisse d'amortissement qui
» aurait acquis leurs créances, 2,867,000,000 f.

    » 2° 80 millions de dota-
» tion pendant vingt ans cinq
» mois vingt-quatre jours. . 1,638,000,000
    » Les contribuables auront
» donc à payer. 4,505,000,000

Voici actuellement les paiemens que l'état devra faire s'il est constitué débiteur de 112 millions de rentes 3 p. 100, en en supposant

le rachat au prix moyen de 85. A ce cours,
112 millions de rentes 3 p. 100 seront éteints
avec un amortissement de 108 millions en vingt
ans vingt-un jours *(au lieu de vingt-cinq ans pré-
sentés par M. de Mosbourg)*. Alors l'état paiera
1° 112 millions d'annuités pendant vingt ans et
vingt-un jours aux rentiers, ou à la caisse d'a-
mortissement qui aurait acquis leurs créances,
ci. . . . . 2,246,500,000 f.

2° 108 millions de dota-
tion à la caisse d'amortissement pendant vingt ans
vingt-un jours, ci. 2,166,500,000

Les contribuables n'au-
ront donc payé que. . . . 4,413,000,000

Tandis que dans le pre-
mier cas ils auraient payé. . 4,505,000,000

Ce qui établirait à leur
détriment une différence de   92,000,000
représentée par les *cinq mois trois jours*, qui
seraient nécessaires à la caisse d'amortissement
pour le rachat des 5 p. 100, en sus *des vingt
ans vingt-un jours* qui suffiraient au rachat des
3 p. 100.

Quant à la perte qu'éprouveraient les rentiers par la réduction d'intérêts , que M. le comte de Mosbourg fait entrer en compte , elle se trouverait en grande partie compensée par l'augmentation de leur capital, puisque ce qui leur serait donné aujourd'hui à 75 , leur serait racheté à 85 , prix moyen que nous adoptons pour nos calculs.—M. le comte de Mosbourg, dans son dernier écrit intitulé : *Supplément aux Observations sur le Projet de Loi, etc.*, ne commet pas la même erreur ; il ne néglige plus l'intérêt composé en comparant le rachat de 50 millions, rentes 5 p. 100 au pair, par un amortissement de 75 millions, avec celui de 40 millions 3 p. 100 à 85, par un amortissement de 85 millions. Il joint de suite, *avec raison*, à l'amortissement des 3 p. 100 les bénéfices de la réduction. Mais on aurait un autre tort de tirer *une conséquence* du résultat présenté par cette opération ; car en faisant les mêmes calculs, par exemple, sur une réduction entière de 200 millions de rentes 5 p. 100, on arriverait à *une conséquence* tout opposée. Ainsi, il est vrai, comme le trouve M. le comte de Mosbourg , qu'en opérant seulement sur une réduction de 50 millions de rentes 5 p. 100, le rachat des 3 p. 100 à 85, avec un amortissement de 85

millions, prendrait *huit mois de plus* , et occa-
sionerait une perte *de* 91 *millions ;* mais, d'un
autre côté, en operant sur une réduction de 200
millions de rentes 5 p. 100, le rachat des 160
millions 3 p. 100 à 85 , avec un amortissement
de 120 millions, prendrait *un an vingt-cinq
jours de moins*, et coûterait 304 *millions de
moins*. Cela vient de ce que les deux amortisse-
mens avec lesquels on commencerait à opérer, ne seraient pas dans dans la même proportion pour l'un et l'autre cas ; effectivement 85
ne sont pas à 75 comme 120 à 80. M. le comte
de Mosbourg réussit donc à prouver que S. E.
le ministre des finances, dans son discours du
30 avril 1824, a établi un faux calcul; mais puisque cette base est défectueuse , elle le serait
également dans le sens dont s'en sert M. le
comte de Mosbourg. On doit opérer sur la to-
talité de la conversion pour comparer les deux
systèmes avec une base fixe.

Pour reconnaître l'exactitude de ces divers
résultats, on pourra avoir recours aux tableaux
faits à la suite de cet exposé ; on y trouvera ,
comme nous l'avons déjà avancé , que

140 millions de rentes 5 p. 100 au pair font
un capital de . . . . 2,800,000,000 f.

Et 112 millions de 3 p.
100 à 85, un capital de 3,173,333,333

On y verra de plus que la caisse d'amortissement se trouverait posséder au bout de vingt ans, dans le premier système, avec une dotation annuelle de 80 millions (en rachetant les 5 p. 100 au pair), un capital de 2,777,472,000 f., soit en rentes (5 p. 100) 138,873,600 f. ; et dans le second système, avec une dotation de 108 millions (en rachetant les 3 p. 100 à 85), un capital de 3,160,998,675, soit 111,564,600 fr. de rentes 3 p. 100.

Ainsi, au bout de vingt ans, la caisse d'amortissement aurait encore à racheter 1,126,400 fr. de rentes (5 p. 100), faisant, au pair, un capital de . . . . 22,528,000 f.

Et 435,400 fr. de rentes 3 p. 100, faisant à 85. 12,334,658
____

Différence 10,193,342

C'est-à-dire, qu'à l'expiration de la vingtième année, le gouvernement devrait sur les 5 p. 100 un capital de 10,193,000 qu'il n'aurait pas à payer sur les 3 p. 100.

Nous arriverions à un résultat bien autrement avantageux au système de conversion, si nous

admettions , *ce qui est certain ,* que le gouvernement emploiera plus de vingt ans pour acheter les 140 millions de rentes 5 p. 100. Effectivement , il diminuera la caisse d'amortissement
dès que sa dotation sera hors de proportion avec
notre dette. Il faudra donc , même avec les
chances les plus favorables de paix, trente, quarante ans, et peut-être même davantage , pour
éteindre entièrement ce que nous devons. Or,
que ce terme soit de vingt ou de quarante ans ,
l'accroissement du capital dont on se plaint ne
pourra être que le même *dans tous lse cas,* c'est-
à-dire de 75 à 100. Mais nous n'en dirons pas autant du bénéfice annuel de 28 millions qui sera
produit par la conversion. On comprend quelle
sera son augmentation, si l'on en jouit pendant
quarante ans , au lieu de *vingt.* C'est une différence énorme , surtout si l'on y joint l'intérêt
composé.

Il résulterait donc évidemment de tous ces
calculs que les trois p. 100 rachetés à 85 n'of-
friraient aucune charge pour le gouvernement,
tandis qu'à partir de 100 le rachat des 5 p. 100 lui
serait tout à fait préjudiciable ; or, je vous laisse
évaluer le taux auquel les 5 p. 100 seraient por-
tés par cette suite d'années de prospérité qui

maintiendrait nos 3 p. 100 au prix moyen de 85.
Il vous sera ensuite facile de juger lequel des
deux systèmes surchargerait la dette de l'état.

Quant à l'agiotage que l'on prétend devoir ré-
sulter de l'apparition des 3 p. 100 à la Bourse,
c'est une question qu'il est presque inutile d'examiner, par rapport à la loi sur la conversion des
rentes, attendu que, quelle que soit l'issue
de sa présentation, cet effet n'en existera
pas moins, puisqu'il se trouve déjà créé par la
loi d'indemnité ; or, qu'il y en ait peu ou beaucoup, ce sera absolument la même chose. Au
surplus, cet agiotage après lequel on crie, est
presque inséparable du crédit public et même
des transactions commerciales ; il existe sur
presque toutes les marchandises, comme sur
tous les effets ; c'est un bien ou un mal qu'il est
difficile d'empêcher. Nous éprouverons proba-
blement de fortes variations sur les 3 p. 100,
comme nous en avons éprouvé sur les 5, lors-
qu'ils étaient au dessous de 100, et comme nous
en aurions encore sur ce même effet, si on ne
lui assignait pas un pair.

On craint encore que *notre crédit ne souffre de
l'exécution de cette mesure.* Ce n'est pas pro-
bable. En thèse générale, il est difficile de croire

que celui qui trouve à emprunter à bas intérêt, pour éteindre un intérêt plus élevé, fasse tort à son crédit. Quels que soient les événemens, le gouvernement ne pourra pas être plus contraint à rembourser les 3 p. 100, qu'aujourd'hui les 5 p. 100. S'il se trouve obligé à de nouveaux emprunts, il les remplira sur des bases qui ne lui seront pas moins favorables ; par exemple, dans un temps de prospérité, il pourra créer des 3 p. 100 à 88 et même 90, ce qui ne sera pas onéreux ; dans un moment de crise, il négociera, au lieu de 3 p. 100, des 4, des 5, et même des 6 p. 100 à 90 ou 95, en préférant ainsi une augmentation d'intérêt à un cours éloigné du pair, afin de ne pas commettre les mêmes fautes qu'en 1815 et 1816; car toutes les fois que l'on emprunte avec l'appui d'un amortissement, il est désastreux d'augmenter la prime en diminuant l'intérêt. En agissant ainsi, ces nouveaux emprunts, loin d'être dépréciés par les 3 p. 100 d'aujourd'hui, en retireraient au contraire une nouvelle force par la comparaison du taux de l'intérêt; plus ils seraient consentis à un intérêt élevé, plus la caisse d'amortissement agirait sur eux activement. Ce raisonnement qui est juste pour un emprunt à faire, n'est nullement applicable à ce qui se passe aujourd'hui ; il n'est question ici que d'une conversion ou d'un remboursement que l'on effectue pour obtenir une réduction d'intérêts. Ainsi, d'un côté si on augmente le capital, en revanche on s'approprie une différence d'intérêts qu'on était tenu de payer annuellement : le mal porte avec lui son remède, et c'est ce qui n'aurait pas lieu pour un nouvel emprunt à bas prix, mais à un cours peu élevé.

L'exécution de cette mesure ne serait donc nullement préjudiciable à l'état ; elle tournerait, au contraire, évidemment à l'avantage de la nation, tant *par le nouveau mouvement de circulation qu'en recevraient les capitaux,* que *par la diminution d'intérêts qui se ferait sentir dans toutes les transactions particulières.* Tous ces résultats heureux sont démontrés avec une clarté qui ne laisse rien à désirer dans l'excellent ouvrage que M. Laffitte a fait paraître l'année dernière. Il suffit de le lire pour être persuadé que le crédit bien dirigé est la voie la plus sûre pour accroître la prospérité des états.

En me résumant, je pense donc que dans la position où nous sommes, il serait onéreux pour la France que la caisse d'amortissement continuât à

acheter nos effets au dessus du pair; que, d'un autre côté, il faudrait aviser aux moyens de diminuer
notre dette, et de rendre à la rente, et par conséquent au crédit, l'élasticité dontils ont besoin.
La loi de l'année dernière eût parfaitement rempli ce but; elle eût eu une exécution *uniforme
et prompte*, avantage que ne saurait avoir celle
de cette année. Cette dernière, bonne à quelques égards, offre des inconvéniens; mais
elle ne doit être considérée que comme une
préparation à *la loi réelle de remboursement* à
laquelle, tôt ou tard, il faudra bien arriver. En
attendant, soit qu'on l'adopte telle qu'elle est
proposée, soit qu'on améliore son mode d'exécution par divers amendemens, il est urgent que
l'on fasse cesser la fausse position de notre crédit, afin qu'il retrouve cette liberté sans laquelle
il ne peut procurer ses heureux résultats.

A la suite de ces réflexions, je ne pense pas
qu'il soit déplacé d'en émettre quelques-unes
sur ce qui compose, en général, *les capitaux.*

Suivant quelques personnes, le *numéraire est
le premier et le meilleur des capitaux.* Mon opinion diffère bien de la leur; car je le considère,
au contraire, comme le moins utile de ces mêmes
capitaux, dont, à bien prendre, il n'est que la

monnaie ou le signe représentatif. Il me semble
que l'on doit entendre par *capitaux* tous les
objets qui par eux-mêmes contribuent à notre
bien-être physique. Ils sont de plusieurs espèces,
et leur division me paraît toute naturelle. Les
uns, qui peuvent être mis dans la première
classe, sont ceux qui produisent *en nature* les
choses nécessaires à notre existence et à nos
jouissances, tels que la *terre* et l'*industrie*. Les
produits qui en résultent forment une seconde
classe de capitaux; ils ont également une valeur
réelle, mais moindre que les premiers, puisqu'ils ne produisent plus par eux-mêmes, et qu'ils
se détériorent chaque jour par l'application que
nous en faisons à nos besoins : tels sont les étof-
fes, les meubles, les denrées, etc.; les objets
d'arts *eux-mêmes*, tels que peinture, sculpture,
musique, etc., peuvent être mis dans la même
catégorie chez un peuple civilisé. A ces deux
classes de capitaux, il faut en joindre une troi-
sième, ce sont les valeurs de crédit, qui donnent un revenu annuel, et à l'aide desquelles on
se procure les deux espèces de capitaux énon-
cés ci-dessus : ces *valeurs de crédit*, dont l'existence tend si évidemment à augmenter les richesses, se composent des dettes des gouverne-

mens, de celles des particuliers, des grands établissemens publics, des entreprises particulières
et générales, etc., qui toutes sont représentées
par une valeur plus ou moins réelle, mais dont
la prospérité et la tranquillité des états, font la
plus forte garantie.

Quant au numéraire, il ne produit rien par
lui-même, et, isolément, il ne peut nous procurer aucun bien-être; celui qui l'a en sa pos-
session ne peut en tirer parti qu'en l'échan-
geant contre un des capitaux dont il représente
la valeur; il ne nous est utile que comme monnaie à l'aide de laquelle les nations nivellent
leurs échanges. Le numéraire est le signe représentatif généralement accepté sur le globe;
le papier remplit le même but, mais dans un
cercle plus restreint; il n'a très souvent cours
que sur le lieu même de sa création. On peut
donc dire avec raison que les capitaux les plus
sûrs, la véritable richesse d'une nation, c'est
son industrie; l'or et l'argent ne viennent
qu'en dernière ligne, ils ne sont que la richesse du moment, dont le fonds est épui-
sable, tandis que l'industrie est celle du pré-
sent et de l'avenir, elle se multiplie à l'infini.

Nous en avons des preuves bien positives

autour de nous : l'Espagne, par exemple, qui a retiré de ses colonies une si grande masse d'or et d'argent, et dont l'industrie a presque toujours été nulle, a été constamment tributaire des autres nations, et elle se trouve aujourd'hui en être la plus pauvre.

L'Angleterre au contraire, dont toute l'attention s'est tournée vers le commerce et l'industrie, qui, *sans rechercher le numéraire,* y a suppléé chez elle par le crédit et le papier, se trouve être aujourd'hui la nation la plus riche. Elle possède à la fois industrie, numéraire, force, indépendance, et en un mot tous les biens désirables; tandis que l'Espagne, dépourvue de *tout,* gémit sous le poids de sa misère et rétrograde presque vers la barbarie.

Les gouvernemens ne sauraient donc trop attacher d'importance à consolider leur crédit et à en faire un bon usage; qu'ils encouragent et protègent l'agriculture, le commerce et l'industrie, ils en retireront une nouvelle force pour eux, et les peuples y trouveront la source de leur prospérité

TABLEAUX A L'AIDE DESQUELS ON OBTIENT LES RÉSULTATS PRÉSENTÉS DANS CETTE BROCHURE.

112 millions de rentes 3 p. % à 85 font 3,173,333,333 f. capital.
140 millions de rentes 5 p. % au cours
de 100 f. font......................... ... 2,800,000,000   *id.*
5 fr. de rente sur un capital de 100 fr. donnent un intérêt de
5 p. %. — 3 fr. de rente sur un capital de 85 fr. donnent
3 18/34 p. %, *un peu plus de* 3 1/2.

Calcul d'une rente annuelle de 108 millions placée pendant vingt ans à l'intérêt composé de 3 1/2 p. %, représenté par le cours de 85 en rentes 3 p. %.

	CAPITAUX.	INTÉRÊTS A 3 1/2.	TOTAUX.
1re année	108,000,000	3,780,000	111,780,000
2e année	219,780,000	7.692,300	227,472,300
3e année	335,472,300	11,741,530	347,223,830
4e année	455,223,830	15,932,833	471,166,663
5e année	579,166,663, etc., et en continuant on trouvera		
à la 20e année	3,054,105,000	106,893,675	3,160,998,675
à l'expiration de cette 20e année il restera à éteindre.			12,334,658

Somme égale à celle ci-dessus... 3,173,333,333

Calcul d'une rente annuelle de 80 millions placée pendant vingt ans à l'intérêt composé de 5 p. %.

1re année	80,000,000	4,000,000	84,000,000
2e année	164,000,000	8,200,000	172,200,000
3e année	252,200,000	12,610,000	264,810,000
4e année	344,810,000	17,240,500	362,050,500
5e année	442,050,500, etc., et en continuant on trouvera		
à la 20e année	2,645,212,000	132,260,000	2,777,472,00
à l'expiration de cette 20e année il restera à éteindre...			22,528,000

Somme égale à celle ci-dessus... 2,800,000,000

Supplément à la page 21, et notes qui y sont relatives.

L'augmentation de capital qui provient de la conversion des 5 p. 100 en 3 p. 100, au cours de 75, peut se diviser en deux classes : l'une, qui est la plus apparente, est celle qui résulte de la différence du *prix* d'émission des rentes à *celui* de leur rachat ; l'autre est formée par la réduction de l'*intérêt composé* du *taux* de 5 p. 100, à *celui* qui est déterminé par les prix auxquels rachète la caisse d'amortissement.

Le montant de la première classe, quelle que soit la quotité de la conversion, est toujours proportionné à la somme convertie, et, par conséquent, repose sur une base fixe. Cette augmentation, *en calculant le rachat des* 3 p. 100 à 85, se balance, dans toutes les suppositions, par la jouissance du bénéfice auquel donne lieu *la réduction d'intérêt d'un cinquième*, pendant les onze premières années, en y joignant l'*intérêt composé*.

Le montant de la deuxième classe varie en raison du rapport qui existe entre le *fonds primitif d'amortissement* et le total des rentes à éteindre. Il se trouve alors compensé par la jouissance d'un nombre plus ou moins grand d'années de réduction, prises à la suite des onze premières, qui sont invariables pour la première classe.

Afin de rendre ce raisonnement plus clair, joignons-y des exemples :

Supposons d'abord la conversion seulement *sur 5o millions de rentes* 5 p. 100, avec un amortissement de 75 millions : ce sera alors 40 millions de 3 p. 100 émis au cours de 75. Calculons-en le rachat à 85 ; nous aurons :

Pour la première classe, une augmentation de capital de.................................... fr. 133,333,000

Et pour la deuxième classe, par la différence de l'*intérêt composé* de 5 p. 100 à 3 et demi, sur l'amortissesement de 75 millions, pendant dix ans quatre mois (délai suffisant pour l'extinction de la dette, supposée de 5o millions 5 p. 100)................. 90,000,000

Total.......... fr. 223,333,000

La première somme sera éteinte par un amortissement de 10 millions (bénéfice de la réduction d'intérêt), lesquels, pendant onze ans, à l'intérêt composé de 3 et demi, donneront..................... fr. 136,000,000

La deuxième somme ne pourra être effacée que par la jouissance de ce même amortissement de 10 millions, pendant les cinq années et demie qui suivront les onze premières, lesquelles donneront............. fr. 90,000,000

(Cette somme de 90 millions serait, comme le prouve M. le comte de Mosbourg, la perte qui résulterait pour l'état, dans cette première supposition.)

Total.......... fr. 226,000,000

Supposons actuellement la conversion *sur 140 millions de rentes* 5 p. 100, avec le même amortissement de 75 millions : ce sera alors 112 millions de 3 p. 100 émis au cours de 75 p. 100. Calculons-en, comme ci-dessus, le rachat à 85 ; nous aurons :

Pour la *première classe*, une augmentation de capital de.. fr. 373,000,000

Pour la *deuxième classe*, par la différence de l'*intérêt composé* de 5 p. 100
à 3 et demi, sur l'amortissement de
75 millions pendant 20 *ans* (délai
suffisant pour l'extinction de la dette
de 140 millions 5 p. 100)............   405,000,000
                              ____
                    Total......... fr. 778,000,000

La première somme sera éteinte par un amortissement de 28 millions (bénéfice de la réduction d'intérêt), lesquels, pendant onze ans, à l'*intérêt composé* de 3 et demi donneront........... ...... fr. 381,000,000

La deuxième somme sera effacée par
la jouissance de ce même amortissement de 28 millions, pendant les
neuf années qui suivront les onze
premières, lesquelles donneront....   440,000,000
                              ____
                    Total......... fr. 821,000,000

Cette deuxième supposition, loin de donner de la perte, présenterait au contraire un bénéfice de quelques millions.

On peut donc conclure de ces deux exemples, qu'au cours de 85, quelle que soit la quotité de la somme

verties, l'augmentation de capital de première classe
qui en résulte est *toujours* éteinte par la jouissance du
bénéfice de la réduction, pendant un *délai de 11 ans :*
tandis que celle produite par la différence du taux de
l'intérêt composé est racheté par la jouissance de *six ou
neuf années,* en raison de la proportion entre l'amortissement primitif et la masse des rentes à éteindre. Il
en résulte ce principe : *plus le fonds primitif de l'amortissement est faible par rapport à la quotité des rentes
converties, plus le système de réduction en est favorisé.*
Effectivement, plus l'amortissement est faible, plus il
faut d'annécs pour éteindre la dette; on jouit alors plus
long-temps du bénéfice de *la réduction d'intéréts.* Voilà
pourquoi le calcul de M. le comte de Mosbourg sur une
conversion de 50 millions, est défavorable aux 3 p. 100,
et qu'au contraire celui sur 200 millions de conversion,
leur est très avantageux.